Andreas Knapp

Weiter als der Horizont
Gedichte über alles hinaus

Weiter als der Horizont

Gedichte über alles hinaus

von Andreas Knapp

echter

Das Unersättliche kann sich nur
ans Unerschöpfliche wenden

PAUL CLAUDEL

Genesis

Mitten in der vorgrauen Nacht
des stummen stumpfen Nichts
aus heiterem Himmel
gerauntes LiebesWORT

Und aus namenloser Ödnis urspringt
urknallgleich eine Fontäne
aus tosendem Licht
Urschrei des Universums

Atome expandieren wirbelnd zu Galaxien
Flüssiges Licht gerinnt zu Straßen aus Sternen
Im Tanz der Moleküle klaren Kristalle zu Wasser
Zündende Funken locken Lebendiges artenvielfältig hervor

Im Leben erwacht in der Schöpfung
wie aus traumschwerem Schlaf das Ich
Im Menschen hungert das Leben
abgründig nach dem Du

Adam, Eva

du bist du
das sollte dir genügen

sündenfall vergleich
sein wie der andere
sein wie ein idol
sein wie gott

der bissen aber
bleibt im halse stecken
zu groß
die nimmersättlichkeit

zu groß auch die augen
sie quellen über
und müssen schamvoll sehen
wie du wirklich bist
in all deinen kleidern
immer noch
ganz nackt

Unschuld

Als ich ein Kind war
spielte ich
paradiesisch arglos
mit der Schlange
bis sie mich biss

Seither kriecht
Gift des Misstrauens
durch alle Adern
meines Lebens

Und ich erwarte
nichts sehnlicher
als jenen Tag
an dem wieder
ein Kind
paradiesisch arglos
spielen darf
vor dem Schlupfloch
der Natter

Babel

Die Sprachgrenzen sind überwunden
Hieroglyphen und Keilschrift entziffert
Signale aus dem All lesbar gemacht
das Genom entschlüsselt

Alle Marktwerte sind konvertibel
Einheitspreise in Euro
Simultanübersetzung an der Börse
durch polyglotte Computer

Per Handy ins Internet
grenzenlos drahtlos
universale Erreichbarkeit
gottgleiche Allgegenwart

Wir bauen wieder
höher als der Himmel
Funktürme und Antennen
für weltenweite Kommunikation

Was aber die Sprache
der Liebe anbelangt
so bleiben wir immer noch
unbeholfenste Analphabeten

Noah

Im lebensfeindlichen Universum
der kosmischen Antiseptik von Hitze und Kälte
und allen Wahrscheinlichkeiten zum Trotz
wächst auf einem feuchten Planeten
am Rande des Weltalls
zäh wie ein Schimmelpilz das Leben

Alles Leben stammt aus dem Wasser
und droht auch wieder darin unterzugehen
Ein Meer von Samen, Blut und Tränen
im endlosen Kampf ums Dasein
Die Natur frisst ihre eigenen Kinder
grausam und blind

Im Auge des Menschen aber
erwacht der sorgende Blick
und macht ihn zum Hüter von Bruder und Schöpfung
In der großen Flut herrscht auf dem Rettungsboot
der Ausnahmezustand Paradies
Der Mensch wohnt wieder mit der Schlange zusammen

Die Taube folgt den Farben am Himmel
und kehrt nicht mehr zurück
Alles atmet auf
Noch einmal davongekommen
Die nächste Sintflut aber das ist der Mensch
Und kein Regenbogen in Sicht

unersättlich

homo sapiens sapiens
dem gebiss nach ein allesfresser
ewig unruhig umgetrieben
abgründig gierig nach mehr

maßloser hunger
nach dem unermesslichen
nicht auffüllbare restleere
unstillbarer sehnsucht

enzyklopädischer durst
greift nach den sternen und genen
pyramiden bis über zerkratzte wolken
und vampirzähne bis tief unter die erdhaut

wollt ihr den totalen konsum
auch der macht euch nicht satt
für den kurzen kick die ständig gesteigerte dosis
selbst im orgasmus noch nicht befriedigt

gefräßiger
als dieses raubtier mensch
ist nur noch
der tod

totentanz

mit dem leben
wurde mir auch
der tod schon geschenkt
in vielfacher verkleidung
erwartet er mich

in jedem schmerz
spannt er mich bereits
auf seine folterbank

in unzähligen verlusten
berührt er mich
unerbittlich

in allen abschieden
winkt er mir schon
mit blutleerer hand

wie oft noch
muss ich sterben
bis mich der tod
endlich
vom sterben
erlöst

Klagepsalm

warum
warum so frostig
im Kartenhaus meiner Gefühle

warum
warum so zerbrechlich
das Filigrane zwischen Du und Du

warum
warum so weh
Abschied durchschneidet alle Beziehungsadern

warum
warum so hinfällig
Krankheiten kochen meinen Körper weich

warum
warum so ausweglos
im Tunnel meiner einsamen Nächte

warum
warum so feindselig
wie Zielscheiben unsere Bilder voneinander

warum
warum so ausgeliefert
Todeskeime überwuchern selbst das Lebendigste

warum
warum so ohne Antwort
wo ER doch das Wort ist

Totenklage

Wir
die vergessenen Toten
der Jahrtausende
erheben Klage

Wir
die unter den Füßen der Evolution Zerstampften
die von den Rädern der Geschichte Überrollten
die vom Fortschritt Zertretenen

Wir
die unschuldig Gemordeten
die auf dem Schlachtfeld Verbluteten
die namenlos und unbekannt Begrabenen

Wir
die immer zu kurz Gekommenen
die um ihr Leben Betrogenen
die aus jedem Gedächtnis Getilgten

Wir
klagen ein
das uns Verlorene Vorenthaltene Verweigerte
Es muss doch eine Gerechtigkeit geben

Wir
die vergessenen Toten
der Jahrtausende
klagen bis zur höchsten Instanz

Projektionen

Vor lauter Durst
tagträume ich
von Fanta, Fürstenberger und Frascati.
Sollten alle Getränke deshalb
nur Trugbilder sein?

Ausgehungert male ich mir
ein überbordendes Festmahl aus
mit Kaviar, Canneloni und Calamari.
Sind jene Leckerbissen daher
bloße Ausgeburten überreizter Phantasie?

Bedürftig nach Zärtlichkeit
und menschlicher Nähe
ersehne ich die große Liebe.
Wird deine Freundschaft darum
zum illusionären Selbstbetrug?

Lebensunersättlich
strecke ich mich aus
nach dem Unerschöpflichen.
Wenn es Gott nicht gibt,
warum fehlt er mir dann so?

Todesursachen

ich möchte nicht sterben
lebenssatt
an der zivilisationskrankheit
der egoverfettung
abgerundet und gesetzt

ich möchte auch nicht sterben
lebensmüde
nicht den verzweifelten freitod
aus ekel am leben
aller umtriebe überdrüssig

sterben möchte ich
lebenshungrig
krank vor sehnsucht
an lauter heimweh
nach IHM

Abraham

stammvater
aus ur-zeiten

utopisches wetterleuchten im blut
sehnsuchtskompass gottweh

zähle die glühenden sandkörner
am nachthimmel

steck einen stern auf deinen wanderstecken
deine kindheit liegt dir erst noch voraus

nur im verlassen alles vertrauten
findest du heim

Schau nicht zurück, Lot

Bewohne nicht die Häuser der Vergangenheit
Die Toten verlangen zu hohe Mieten

Lass die Salzsäulen stehen
Der Blick zurück schmeckt bitter

Zieh einen Schlussstrich unter die offenen Rechnungen
Du kannst es nicht allen zurückzahlen

Schüttle den Staub der Erinnerung von den Fersen
Während du zurückschaust rostet dein Pflug

Such dein Ziel nicht im Rückspiegel
Nach vorn lockt das Leben

Bei jedem Erwachen feiere Geburtstag
und wie den Traum der letzten Nacht
nimm alles Vergangene mit
doch nicht mit bleierner Kette ans Bein geschmiedet
sondern leicht wie an der Schnur eines Luftballons

Jakobsleiter

nur geträumt
die sprossen
hoch ins blau

steige lieber
die steinigen stufen hinab
in die lichtscheue
deiner katakomben

und wenn du
ganz zu grunde
gegangen bist
erwartet dich dort
der engel

Jakobskampf

Du kannst dich nicht immer nur
durchs Leben tricksen

schon bei der Geburt
hinterrücks den Bruder festhalten
und sich seines angestammten Rechtes
in unfairem Tauschhandel bemächtigen
seine Notlage heimtückisch nutzend

als Muttersöhnchen
in ödipalem Bündnis
den Segen erschleichen
und den blinden Vater
in falscher Haut arglistig täuschen

in einer Nacht- und Nebelaktion
all deine Schäfchen
über den Fluss
ins Trockene bringen
ohne dabei nass zu werden

Einmal
da musst du
selber kämpfen
gegen Gott und die Welt
ganz allein

Und wenn du
in der Blutröte des Morgens
den großen Schatten besiegt hast
als Mann ziehst du weiter
verwundet und gesegnet zugleich

Jakobsbrunnen

jede Liebesgeschichte
beginnt an einem Brunnen
denn alles Lebendige
speist sich
aus geheimer Tiefe

wer wälzt
den schweren Stein
vom Mund des Brunnens
ein erster Kuss aber
weckt des Hirtenmädchens Durst

alle geschöpfliche Liebe
kann sich erschöpfen
und wie versiegt
schweigt die Quelle
des noch jungen Frühlings

Liebe aber die gelitten hat
zieht es in der Mittagsglut
zurück zum Brunnen
dort wird ihr neu geschöpft
wie aus unfasslicher Taufe

Ägypten

Wir haben es satt
Ziegel zu backen
für jene Herren
die uns nähren
mit Zuckerbrot und Peitsche

Der Hunger nach Freiheit
schreit lauter
als der nach Brot

Wer einmal
von der Freiheit gekostet hat
unstillbar wächst
sein Verlangen nach ihr

Größer nur noch
wird in der Wüste
der Durst nach dem
unaussprechlichen
Namen

Annäherung

nur barfuß
und unverhüllten Gesichtes
darfst du
der Liebe
begegnen

ihr Schmerz verbrennt
dich
und mich
nicht aber
uns

denn
sie schenkt
uns beiden
einen Namen
für immer

Name

dein Name
nicht Schall und Rauch
sondern Klang und Bild
ein gutes Omen
unverwechselbarer Schriftzug
Buchstaben des Lebens

dein Name
von der Liebe erfunden
zärtlich geflüstert
kein einsames Echo
sondern Widerhall des Herzschlags
Passwort zu dir

dein Name
Lebenslinie in SEINER Hand
unvergänglicher eingraviert
als in granitesten Grabstein
Lieb-Kose-Name
unaufhörlich

Vom Unsagbaren

Nicht so laut!

Achtung Hörsturzgefahr
in der Markthalle des charismatischen Happening
durch geheimnisarme Sonntagsreden vom ewig lieben Gott
wegen kriminellen Missbrauchs des absoluten Urhebernamens
"Deus vult!"
"Gott mit uns!"
"In God we trust!"

Der Unfassbare aber
so unsäglich abwesend
in zu Tode gerittenen Paragraphen des Katechismus
in der vermessenen Geographie von Himmel und Hölle
in der schamlosen Vermarktung des unverkäuflichsten Namens

Über IHN kein Wort mehr!
Nur noch zu IHM
mit angehaltenem Atem
leiser noch geflüstert
als einst sein Name im Tempel
das eine Wort
DU

Prophetenschicksal

es ist mir leid
allen andern zu leid zu leben

jeder gottesspruch
reizt zum widerspruch

weil von SEINEM wort gefesselt
bin von SEINEM volk ich eingekerkert

IHM meinen mund zu leihen
wird ER die gebühr bezahlen können

und doch ist das einstehen für den fremdesten
mir zum eigensten geworden

mit ausgerenktem kiefer und verbrannter zunge
stammle ich SEIN lob

David

der Charme schöner Augen
verführt Gott und die Menschen

die zart gegliederten Finger
an Harfe und Steinschleuder

um Israels willen siegbringende Kriegerlist
um Batsebas willen todbringende Hinterlist

Dichter lebensgesättigter Gotteslieder
Ränkeschmied todesversponnener Intrigen

im Bündnis selbst mit dem Erbfeind
im Krieg gegen den eigenen Sohn

wie wild wachsen doch Weizen und Unkraut
auf einem Ackerfeld durcheinander
von Missbrauch bedroht noch die größten Gaben

so unentwirrbar verflochten die Motive
wer kennt schon die Hintergründe seiner Gründe
in jedem Beweggrund lauert noch ein Abgrund

wird je ein Davidsspross erstehen
mit klaren Augen und reinen Herzens
durchsichtig bis auf den göttlichen Grund

Elia

brennend vor feuerschwerteifer
im kultkampf um den wahren altar
wer ist gott

den mund verbrannt am königshof
das wort gottes stört
jede logik der macht

ausgebrannt und sterbensmüde
nicht mehr aus eigener kraft
geh weiter

weltenbrand und feuersturmbeben
ER aber wohnt
im leisen

lodernd wie feuer und flamme
jener wagen gezogen von sehnsucht
himmelheim

Im Exil

Verbannt aus der Kinderleichtigkeit
irrlichtern wir durch Dunkelkammern
fremdsprachiger Gefühle und Träume
und sind uns selber so un-heimlich

Zerborsten das sichere Haus der Selbsterkenntnis
Zerbrochen die Galerie der Selbstbilder
Wir sind nicht einmal mehr uns selbst verständlich
Unser Ich scheint entlegener als der entfernteste Stern

Erschreckendes Fremdsein im eigensten Innen
Erinnerung ohne Heimkehr
Verbannung ohne Lieder
Heimatvertrieben ohne Asylrecht

Wie lange noch

Zeitverschiebungen

die Uhren rücken vor
dem Sommer entgegen
wo ist die Stunde geblieben

der Jet jagt
dem Sonnenuntergang nach
und gewinnt Stunde um Stunde neue Ortszeiten

gegen Lichtgeschwindigkeit
tendiert die Zeit
nach Null

im Augenblick des Glücks
still stehende Stunde
im Abgrund des Schmerzes
die Sekunden auf der Streckbank
meine Uhren trügen

in Gott aber verdichtet sich
alle messbare Zeit
ins Unermessliche
denn Sekunden wie Jahre
bleiben un-endlich geborgen
in SEINEM ewigen Augen-Blick

Klopfzeichen

in der Traurigkeit
für die du keinen Namen findest

in der Unruhe
die dich ziellos umhertreibt

in den Träumen
die dir schlaflose Nächte bereiten

in dem Heimweh
das dich zu Hause befällt

in der Sehnsucht
die ausufert nach immer mehr

in all deinem Nichtfinden
da sucht ER dich

Spurensuche

Seit der ersten Dämmerahnung vom Tod
beginnt des Menschen rastlose Suche
nach dem Namen des Lebens

In tausend Götterbildern
Spiegelschatten und Widerglanz
des Unerschaubaren

Tempel Feste Kunst
wie freigehalten für das Erscheinen
des Unerdenkbaren

Das große Schweigen der Meister
hingebungsvolles Erlauschen
des Unerrufbaren

In den heiligen Schriften aller Zeiten
zwischen den Zeilen verborgen
das allbergende Wort

Und das Wort ist Name geworden
menschlich im Du gesichtet
einer von uns

Geistesgegenwart

Windhauch, Windhauch
alles wär Windhauch
ohne den Geist
der von innen belebt

Über den stillen Urwassern
wie mit Vogelschwingen
die Schöpfung erbrütend
ewig weibliche Gottesgespielin

Wie ein Weberschiffchen flinken Flugs
die Fäden hin und her verbindet
so knüpfst du heimlich das große Netz
zwischen allen Gotteshungrigen

Sprachengenie der Liebe
Wortschöpferin für das Unaussprechliche
feuertrunken von dir wird jede Zunge bewegt
und das WORT selbst eingefleischt

der täufer

väterlicher hoffnungsimpotenz und
erstorbenem mutterschoß zum trotz
sonnwendgeborener gottesmund

seinem engel folgend wird er
in steinverlorener wüste
zum erbauer der großen sternenstraße

wächter an der verheißungsgrenze
und trauzeuge des zum tode
verwundeten friedenslammes
sein wort streckt sich wie ein
sehnsuchtsgespannter brückenbogen
vom ufer aus zionsheimweh
bis zum lichtgestade des morgensterns

seine stimme dröhnt windverweht
bis in die palastkammern jerusalems
und wird zur axt an der übel wurzel

im erotischen tanz um die macht
wird mit johannes auch die gerechtigkeit enthauptet
sein ausgestreckter zeigefinger aber
weist für immer
auf jenen ermordeten hin
der im sterben noch
seine mörder begnadigt

Schwere Geburt

es ist noch kein wort
vom himmel gefallen
aber das lächeln jenes kindes

einfach menschlich
einfach göttlich

wird es leben können

Sterndeuter

Sterne wie Samenkörner
an den Himmel gesät
wachsen dem schlaflosen Warten
blühend entgegen

Schau tief in deine Nacht
nur dort findet dich der Stern
der dir heimleuchtet
in den helleren Morgen

Brich das gewohnte Sternenzelt ab
und schlaf unter fremdem Himmel
in dir wohnt das Licht
das immerwegs mit dir zieht

Denn das Antlitz Gottes
steht nicht in den Sternen geschrieben
sondern in den leuchtenden Augen
eines geburtswunden Kindes

Taufe im Jordan

wie tief
muss ich untergetaucht werden
bis ich dem leben
auf den grund komme

wie rein
muss ich gebadet werden
bis meine haut
durchatmet wird von licht

wie zart
muss mir gesagt werden dass ich geliebt bin
bis ich es wirklich
glauben kann

Versuchungen

Ohne das Wort
wird jedes Brot hart wie Stein
Am Unausgesprochenen
beißt du dir die Zähne aus
Das über das Brot gesprochene Wort aber
verwandelt alles

Allmachtsphantasien beherrschen dich
und schrauben dich hoch
bis in den Größenwahn
Du scheinst absolute Spitze
Wirklich aber bist du nur
in deinen Grenzen

Es gibt keine Liebesbeweise
und Gnade ist nicht nachprüfbar
in Experimenten mit dem freien Fall
Wirst du jedoch schon mitten im Absturz
wie von unsichtbarer Hand noch einmal aufgefangen
dann glaube an das Wunder der Liebe

wenn nichts mehr bleibt

nach vierzig tagen in der wüste
oder waren es jahre
den einsamen zerschlägt jede stunde
mein Glaube
kleiner als ein sandkorn

pandoras büchse
ein fass ohne boden
mein letzter Hoffnungstropfen
fällt auf den zu heißen stein
und verdampft in der gluthitze

die vor Liebesdurst
ausgetrockneten lippen
küssen die sterne
der mond aber schneidet mich
mit kaltem sichelhieb vom leben ab

miserere mei

Berufung

Lass
das Netz liegen
mein Blick gibt dir Halt
auf dem Hochseil

Geh
auf meinen Worten
leise wie auf Zehenspitzen
über das Wasser

Bleib
doch wohnen
in meinem Augenlicht
über den Abend hinaus

Tausch
den Acker gegen den Weg mit mir
in meiner Freiheit zu leben
folge mir nach

Werdet Vorübergehende

Schnitz dir einen Wanderstab
aber zimmere dir keinen Dachbalken

Wozu eine Vorratstasche
Liebe empfängt man nicht aus Konserven
Hoffe auf frisches Brot unterwegs

Du darfst Sandalen tragen
aber lerne auch barfuß zu gehen

Zu viel Geld dabei beunruhigt
Sonne und Regen gibt es gratis

Nimm ein zweites Hemd mit
für das Fest
und für das Grab

Seligpreisungen

der von allem entleerte nur
kann ganz erfüllt werden

in der geweinten träne
fließt trost dir zu

der zärtlichen berührung öffnet sich
das von innen verschlossene

den hunger nach gerechtigkeit nie satt haben
macht den menschen zum menschen

im maß deines verzeihens wirst du empfänglich
für aller versöhnung übermaß

im gesicht ohne masken
leuchtet das antlitz

nur kinder bauen
spielend leicht den frieden

wem um des rechtes willen unrecht geschieht
wohnt schon in Gottes gerechtigkeit

Tabor

so
hab ich dich
noch nie gesehn

du
mir vertraut
und doch so anders

nun
fällt licht
der propheten auf dich

ganz
im glanz
von großer liebe

und
keine hütte
fasst den glanz

doch
nach dem abstieg
leuchtet alles

Der Messias

wunschkind immer schon erwarteten namens
aus dem langzeitgedächtnis der menschheit
geboren im sternzeichen der hoffnung

ganz liebe gewordener mensch
lehrer der vergessenen kunst des kindseins
gottestraumtänzer über dem abgrund aus nachtangst

alle blindaugen erhellt durch deinen lichtblick
in deinem gesicht sichtbar
die anschauung gottes

deine worte wirken wunder
und legen unter den trümmern der lebensgeschichte
verschüttete sehnsucht frei

von heiliger unruhe erfüllt
wanderer über größte grenzen hinaus
zugleich bei den kleinsten daheim

du glaubst nicht an den tod
angstgräbern näherst du dich vertrauen erweckend
was du berührst wird zu leben

in deinem himmelschreienden sterben
geerntet wie eine ähre
aufgehoben im unbegrenzten

Gottesbeziehungen

du kannst
Gott verehren

in den dunklen Tempeln des Ostens
in Bildern von Tieren und Sternen
in den Suren der Wüstenwinde
in der abgezählten Ruhe des Sabbats
in den Windmühlen aus Gebeten
in der Selbstvergessenheit des Schweigens

seine Freundschaft aber
erwartet dich
unterwegs
zwischen Nazareth
und Jerusalem

Zehenspitzengefühl

bei Simon dem Pharisäer
Festmahl ohne Duft und Kuss
Liebe aber lebt nicht im Kopf
und schaut nicht herab auf die andern
ganz unten
bei den Füßen
fängt die Liebe an
eine Frau wäscht deine Füße mit Küssen und Tränen
und trocknet sie mit ihrem Haar
durch diese Berührung deiner Füße
findet die Gefallene selbst wieder Stand
die Füße sind so wichtig
zum aufrecht stehen
zum weitergehen

mit Simon dem Fischer
Abschiedsmahl mit Brot und Wein
Liebe aber wäscht nicht den Kopf
und entsagt der Macht über die andern
ganz unten
bei den Füßen
fängt die Liebe an
du wäschst seine Füße mit Wasser und Feuer
und trocknest sie mit dem Hauch deines Geistes
durch diese Berührung seiner Füße
findet er selbst nach dem Fall wieder Halt
die Füße sind so wichtig
zum aufstehen
zum auferstehen

abschied

an aller meiner tage abend
noch ein letztes mahl
der wein funkelt röter
als im untergehen verblutende sonnen
das brot lässt sich nicht glatt brechen
zerrissen aber teilt es sich an alle aus
doch der tod sitzt schon mit am tisch
jeder schluck jeder bissen ist vielleicht der letzte
alles innige aber schreit
nach unvergänglichkeit

an aller deiner tage abend
noch ein letztes mal
lehne ich mich an deine brust
doch deine hand
hält bereits den wanderstab
und dein gewand ist schon gegürtet
ich spüre deinen hastigen atem
tränen tropfen zärtlich zerstäubend
auf meine nackten füße
weinst du auch

fragment

nur gebrochen
das licht
siebenfarbig

nur gebrochen
das brot
segensgesättigt

nur gebrochen
das ich
dugeöffnet

Judas

dein kuss
vereist das blut
in meinen adern

während der umarmung
spüre ich von hinten
den dolch

ich finde
dein auge
nicht mehr

selbst der sack voller silberstücke
wiegt deine verzweiflung
nicht mehr auf

einsamkeit

warum ist er nur gerissen
der seidene faden zwischen uns
mein blick
bleibt in der luft stecken
der schmerz krümmt mich zurück
wie in ein schneckenhaus
niemand klopft mehr
an die tür meines sarges
mein gesicht aus wachs
kennt keine tränen mehr
nur innen
das zusammengepresste herz
das nicht mehr schlagen kann
für dich und mich

Passion

Aus dem brennenden Dornbusch
flechten sie eine Krone

Deine Liebe aber
brennt nicht aus

Deine ausgebreiteten Arme
Kraftfeld zu dir hin

Dein letzter Blick
offen wie eine Wunde

Im Verschmachten noch
Ich bin für euch da

Pieta

Geburtsschmerz
ein Leben lang

In sternerhellter Nacht
aus deinem Schoß gepresst
das blutige Bündel

In der Verfolgung durch totalitäre Tyrannen
die immer Angst haben vor der Unschuld der Kinder
wählst du Flucht und Exil

Am Ende einer Wallfahrt
aus symbiotischer Sorge entlassen
in gottkindliche Freiheit

Beim hochzeitlichen Festessen
plötzliche Distanz zerbricht das Wunschbild
seine Stunde ist nicht mehr die deine

In gedrängter Menge
die Familienbande zerreißen
Verlust der exklusiven Mutterschaft

Auf dem Weg zu seiner Hinrichtung
eure Blicke kreuzen sich
all seine Angst überträgt sich auf dich

An sonnenverdunkeltem Tag
auf deinem Schoß gebettet
die ausgeblutete Leiche

Geburtsstunde
unfasslichen Lebens

Ostermorgen

Wer hat mich hinabgestoßen
in das Reich des Todes
Jahrelanges Warten
auf den dritten Tag
Sonnenvergessene Polarnacht
Hat die Amsel wirklich zu singen begonnen
Wie die Nachtschwärze
verblasst die dunkle Erinnerung
Meine Träume lassen mich wieder schlafen
Ganz anders ist diese Nacht
weil ich ganz anders geworden
Wunden tun nicht mehr weh
Du erkennst mich an meinen Narben
Deine Berührung öffnet
die Zentralverriegelung aus Angst
Dein Ohr an meinem Atempuls
unaufhörlich
und meine Gesichtszüge
so aufgeweckt
wie der erste Tag

Begegnungen im Garten

In jenem Garten
mit dem Baum in der Mitte
Verführung zu Misstrauen
Durch den habgierigen Griff
wird todbringend die Erkenntnis
von gut und böse

In jenem Garten
mit dem Grab in der Mitte
so vertraut dein Name
Durch die hauchfeine Berührung
erkennst du den Lebendigen
alles ist gut

die längste nacht

fensterloser nachthimmel
verschmolzen mit todschwarzen wassern
wo ist oben und unten
nur der schatten des verrats
spiegelt sich im see
petrus zerschellt am felsen
zu grunde gegangen
das geborstene ruder
zerrissene netze fischen im trüben
alle hoffnung gestrandet
blicke verrenkt ins leere
ob es je noch einmal morgen wird

augen aber
die viel geweint haben
erkennen schon
das erste licht
von jenseits des horizontes
und stiebende funken
wie aus kohlenfeuerglut
vom gestade des lebens

du bist es

Die Frage nach der Liebe

dreimal fragst du mich
das schmerzt
warum fragst du immer wieder
du weißt es doch

oder willst du es einfach hören
immer wieder hören
fragst du damit ich es nie vergesse
und immer neu sagen lerne

ja dann frage mich
frag immer wieder
frag immer neu
ach höre nie auf zu fragen

Was Liebe heißt

Drei Annäherungen

ich kann mich selbst vergessen
und das ganz ohne angst
weil ich spüre
dass du an mich denkst

du willst nichts
von mir
mich aber willst du
so wie ich bin

dich lieben heißt
deine freiheit mehren
denn im maß deiner freiheit
wirst du immer mehr du

Annäherung an die Wirklichkeit

nicht durchblicken
sondern anblicken

nicht im griff haben
vielmehr ergriffen sein

nicht bloß verstehen
auch zu dir stehen

nicht durchschauen
einfach nur anschauen

so werden wir wirklich
wir

dreiecksverhältnis

den anderen
nicht neben dir
sondern mit dir
lieben

vom anderen
nicht neben dir
sondern mit dir
geliebt werden

so lieben
und so geliebt werden
das muss einfach
göttlich sein

verschwendung

nur einfach bei dir sitzen
reines zeit verplempern

parfum und gelbe rosen
pures geld verschleudern

vor einem brotstück knien
sinnlos kraft vergeuden

die schweißfüße mit duftöl übergießen
widerspricht rationalem kalkül
die liebe aber rechnet nicht
denn sie ist unberechenbar

einen toten am dritten tag noch salben
unverständliche verschwendung
die liebe aber begreift
weil sie ergriffen ist

Kontemplation

Beim Zählen der Sterne
lachend immer wieder
von vorn beginnen

In der Zeitvergessenheit
der Brandung
Atem schöpfen

Den Zugvögeln
einfach nur zuschauen
wenn sie weiterziehen

Den Duft der Rose
ungepflückt
verschweben lassen

Lauschen auf die Stille
nach dem Wort

Nicht mehr fragen müssen
was bringts

Warten ohne Erwartungen
absichtslos bei dir sein

Daran Genüge finden

In der Himmelweite des Betens

die Gravitation der Egozentrik
überwinden und schweben
in der Schwerelosigkeit des Schweigens

keine Nabelschau und kein Narziss
der entspiegelte See gibt den Blick frei
in geheimnisblaue Tiefen

ruhen in jenem Grund
der selbst den Abgründen noch
zu Grunde liegt

das endlose Kreisen um sich selber
wird aufgebrochen
zum Unendlichen hin

im Verstummen des Ich
erwacht das Ohr
für der Liebe Du

Ikone

auf längst entgoldetem hintergrund
immer noch mit großen augen
Du-anblick

anschauen
und angeschaut werden
fallen ins eine

meine pupillen werden weit
blickwechsel über alles
sichtbare hinaus

Das letzte Wort

Über jedes unnütze Wort,
das die Menschen reden,
werden sie am Tag des Gerichts
Rechenschaft ablegen müssen
(Mt 12,36)

Beim jüngsten Gericht
auf der Anklagebank
alle unsere verbogenen Worte
die gebrochenen Versprechen
das geheimnislose Geschwätz
Killerphrasen und Doppelbotschaften
die Tyrannei männlich dominierter Sprache
und auch die ungesagten Worte
das aus Angst oder Stolz nie Ausgesprochene
jeder leichtfertige Wortstaub auf der Goldwaage

Unser Anwalt aber
das eine WORT
das vom allerersten Anfang
wirft sich noch einmal in die Waagschale
und hat mehr Gewicht
als alle Anklagen

Und das eine WORT
das vom allerersten Anfang
am Ende noch einmal gesprochen
macht alle Worte gesund
für immer

neuer himmel über neuer erde

endlich
zu ende
das schreckliche schweigen
der endlosen räume

fuge aus lichtklängen
fanfarenchor der kometen
vielstimmige ekstase der elemente
festklänge kosmischer symphonie

das neue jerusalem
kein luftschloss sondern
ein zelt zärtlich gewoben
aus den fäden der geschichte

die blätter des baumes in der mitte
heilen die wunden der erkenntnis
nur als liebende werden wir
sein wie gott

jede träne aus menschentagen
findet ihren stern
im offenen geheimnis
ist alles für immer daheim

im übermaß meines durstes
lass ich mich fallen
in den überfließenden glanz
des neuen namens

es braucht keine sonne mehr
noch künstliches licht
im leuchten Deiner augen
wird alles neu

Nachwort

Das Wort bis ans Tor
der Sprache gebracht:
Ob es sich ihm öffnet.

E. BENYOETZ

Andreas Knapps *Gedichte,* ausgespannt zwischen
Leben und Tod, Einsamkeit und Passion, Gewiss-
heit und Verheißung, geben Kunde *über alles hin-*
aus. Sie werden durchwoben von einem einzigen
Grundmotiv: Es ist der „sehnsuchtskompass" des
menschlichen Herzens, das in seiner „rastlosen
Suche/nach dem Namen des Lebens" ausgreift
„weiter als der Horizont". Mit einem Leitsatz, in
dem auch das Zerstörerische der „nimmersätt-
lichkeit" anklingt, endet das erste Gedicht: „Im
Menschen hungert das Leben/abgründig nach
dem Du"; unendlich übersteigt der Mensch den
Menschen (B. Pascal).

In der jüdisch-christlichen Schöpfungs- und Heils-
geschichte, deren Bogen im vorliegenden Band
von Adam und Eva über Noah, Abraham und
Johannes den Täufer zu Jesus Christus gespannt
wird, entschlüsselt sich die „nicht auffüllbare rest-
leere/unstillbarer sehnsucht" als Verheißung:
„in all deinem Nichtfinden/da sucht ER dich".
Es macht die Auszeichnung des Menschen aus,
wesenhaft eines freien und personalen Gottes
bedürftig zu sein. In der Begegnung mit dem gött-
lichen Du, das in Jesus Christus ein menschliches

Antlitz annimmt und sich in seinem Wort zu-
spricht, findet der Mensch Beheimatung im Ge-
heimnis des Lebens und erwacht „für der Liebe Du".

Im Medium lyrischer Bilder ringt hier ein Mensch
mit seinem Gott, sucht ihn, spürt ihn auf und lässt
sich einladen und locken zu Lobpreis und Schrei,
Bitte und Bekenntnis. „Getroffen von der Gottes-
wunde" (N. Sachs) wird er zum Zeugen der Wahr-
heit, die weiter reicht als der Horizont. In den
Texten klingt die ungestillte Sehnsucht nach jener
kühnen Liebe an, die aufs Ganze geht, die sich mit
nichts weniger als dem lebendigen Gott begnügt.
Es sind Such-Worte, die fern einer zerredeten Sa-
kralsprache „geistesgegenwärtig" aus dem Herzen
kommen; Sehnsuchts-Worte, die sich nach dem
unerschöpflichen „DU" ausstrecken.

Andreas Knapps Gedichte, die den Leser mit in
den Traditionsstrom jüdisch-christlicher Verhei-
ßungsgeschichte nehmen und große theologische
Themen dichterisch verkünden, sind ganz und gar
biblisch inspiriert. Wir hören keine mahnenden
Appelle, sondern lauschen zarten „Klopfzeichen",
empfangen gastfreundliche Einladungen und theo-
logie-kundige Wegweisungen „bis ans Tor der
Sprache".

In diesen Texten wird deutlich, worin alle Theo-
logie ihren Ursprung hat: im Gebet zu Gott. „Was
bleibt aber, stiften die Dichter", formulierte einst
F. Hölderlin. Nach diesem Gedichtband möchte
ich ergänzen: Was bleibt aber, stiften die Beter.
Jedes Gedicht eine Anstiftung zum Gebet!

MELANIE WOLFERS

Inhalt

ANDREAS KNAPP, geboren 1958 in Hettingen (Baden); Priester; nach der Promotion langjährige Tätigkeit in der Hochschulseelsorge und in der Priesterausbildung in Freiburg; seit 2000 Mitglied der Ordensgemeinschaft der „Kleinen Brüder vom Evangelium"; lebt derzeit in Leipzig; mehrere literarische Auszeichnungen für sein lyrisches Werk.

Von Andreas Knapp sind im Echter-Verlag außerdem erschienen:

Brennender als Feuer. Geistliche Gedichte
9. Auflage 2020

Tiefer als das Meer. Gedichte zum Glauben
6. Auflage 2018

Gedichte auf Leben und Tod
5. Auflage 2019

Höher als der Himmel. Göttliche Gedichte
5. Auflage 2020

Heller als Licht. Biblische Gedichte
5. Auflage 2021

Beim Anblick eines Grashalms
2. Auflage 2019

Bibliografische Information der Deutschen Nationalbibliothek

Die Deutsche Nationalbibliothek verzeichnet diese Publikation in der Deutschen Nationalbibliografie; detaillierte bibliografische Daten sind im Internet über http://dnb.d-nb.de abrufbar.

10. unveränderte Auflage 2024
© 2002 Echter Verlag GmbH
www.echter.de

Umschlag und Satz: Peter Hellmund
Druck und Bindung: Rudolph Druck GmbH & Co. KG, Schweinfurt
ISBN 978-3-429-02506-9